Långt ifrån söder

Långt ifrån söder

Patricio Villarroel Robles

Långt ifrån söder

Originaltitel på spanska: Lejos del sur

© Patricio Villarroel Robles

Omslagsbild: Patricio Villarroel Garrido

Omslagsdesign och förord: Jorge González Reymond,

Korrekturläsning: Annelie Björnsdotter/Ewa Villarroel Padilla

Text i omslaget: Annelie Björnsdotter

Översättning: Cecilia Valdés Miranda

 Tryck: Bokförlaget Letranovel,
Stockholm 2018

www.letranovel.com

ISBN- 978-91-87499-20-3

Patricio Villarroel

Patricio Villarroel Robles föddes 1951 i Temuco, en stad belägen cirka 670 km söder om Chiles huvudstad Santiago. Han är journalist och medlem i internationella Journalist Federationen och i Svenska Journalistförbundet. Patricio är också författare och framförallt en stor poet. Dem politiska förhållandena efter den blodiga kuppen i Chile drog honom till exil i Sverige där han skrev sina första dikter med socialt innehåll mot den chilenska diktaturen. Senare började han skriva om kärleken och livet.

Lao Zi observerade att "En resa på tusen mil börjar med ett steg." Han var en av de viktigaste filosoferna från den kinesiska civilisationen och han hade rätt. Det första steget, som ofta krävs när man lämnar sitt land för att överlämna sig till det okända, kan en dag visa sig vara bitterljuv. Så säger författaren Patricio Villarroel Robles mästerligt i sin bok Långt ifrån söder.

Poeten är i exil i ett kalt land och tänker. De ända minerna som finns kvar är om värmen och kärleken, "när vi avslutar och börjar om i ett främmande land." Långt ifrån söder är en vacker bok med en enastående känsla och med ett tydligt underliggande budskap: När livet ger dig ett skäl att sörja, visa att du har tusen anledningar att skratta, eftersom livet ständigt överraskar och påminner oss om att vi finns."

Jorge González Reymond

Till min mamma Eliana Robles ...

...spridare av kärlek
som fortsätter leva i vinden
Kollar över havet och oss, från ovan.

Innehåll

DEN ANDRA OCEANEN

Havets suckar kommer,
ibland,
med vindens klagan i fönstern,
och vi försöker då
-med sorgfyllda ögon krama
vågorna,
för att rädda drömmarna och människorna
som inte fick korsa horisonten.
Att leva med tanken om havet
från den andra oceanen,
är att förfölja luftens skuggor,
molnen,
vetesdoften,
mildaste vindarna,
violetta molnen från kvällen,
döende spökbåtarna på stranden,
jodens och saltets doft
och stjärnorna som fäster sig
längre bort vid horisonten.
Att tänka på södern
är att känna frånvaro
som flaxar mellan händerna.
Alla dagarna regnar nostalgi
och åren passerar
utan att kunna stryka över själens minne.
Vare gudarna att vi få återvända,
min älskade,
innan de börjar övergivandets ritual,
och jag kan ta med mig,
till den andra oceanen,
alla våra kärlekstimmar,

nätterna störda av smekningar,
dit pärlemors hjärta,
hemligheten i dina mjuka händer,
ditt smittsamma skratt,
parfymen av alla dina kläder,
kyssarna från din röda mun.
Just nu,
stanna vid min sida,
sov med mig,
för att drömma tillsammans om havet
i den andra oceanen,
och att det ljusaste stjärna
faller över oss från evigheten.
Ännu, är det inte gryning
-min älskade i Stockholm.

VART GÅR DRÖMMARNA

Vart går drömmarna,
ibland så snabbt?
Var fastnade våra drömmar?
Har de försvunnit i havet,
mitt i våldsamma stormar?
Eller går de och söker södern?
Vad bor de, i tystnaden?
Håller de på att dö?
Kanske har de aldrig funnits
eller är de bina som äter
honungen i dina ögon?

VI ÄLSKAR KÄRLEKEN

Kärleken söker oss alltid,
men diktar upp ursäkter
och tvivel, liksom måsarna,
när de anar havets vrede
och stannar vid strandbrynet,
när vågorna slår.
Kärleken kan bygga drömmar
och, ibland, teckna passionen,
med överdrivna färger.
Kärleken har en egenskap
att lysa upp alla skuggor,
drömmarna har ett namn,
natten är alltid en lykta,
och dagarna fyller upp vår själ
med fyrverkeri.
I våra ögon
är himlen alltid blå
och alla landskapen ger oss yrsel,
när månen släpper ut
sina långa silverflätor.
Men, vi älskar kärleken,
den som smärtar och vakar,
den som målar hjärtan i färg,
den som faller från en källa,
den som präglar oss för alltid,
trots att den går ut på natten,
händer alltid detsamma.

VID ETT TÄNT STEARINLJUS

Som ljuset från ett stearinljus,
håller vår kärlek på att slockna,
och drömmarna, som vi skapade,
under våras halva liv,
håller på att dö.
Våra önskningar emigrerade,
rutinen förblindade oss
och den blå vakteln,
som bosatte sig i våra hjärtan,
flydde från sin bur.
Inte vet jag vilket namn
som ska ges åt natten,
om den är längre och mörkare.
Inte vet jag om dina ögon ljuger
för att de inte tittar på mig,
och dina falska kyssar är som grimaser.
Inte vet vi
vad vi ska kalla stjärnorna
om de ser ut som demoner,
och inte talar till oss.
Kärlekens tvivel stjäl förnuften från oss
och, liksom svärd,
genomborrar själen.
Vi skapar skuggor i varje hörn,
hemligheter kommer med andra namn,
medan vår båt sjunker
belägrades av hajar,
och då vet jag inte
vad jag ska kalla den här kärleken.

STOCKHOLM

Sjön, genomfrusen på kvällen,
hör en avlägsen musik med pianon och fioler,
ljusets arpeggion och ackord
omfamnade den kalla vind,
som springer till havet
för att söka det blå.
Fiskarna,
längtar vid fåglarnas flaxande,
som inte har återvänt till Gamla Stan.
Men det hände,
som alltid på vintern
när sjön visar sina speglar,
de visar sig som vikingarnas spökbåtar
kommer från ön Björkö
för att titta på himlen,
och se Drottningholms gyllene nål.
Livet,
strandar på Mälarens sjö,
tills solen återvänder
för att kyssa Stockholm.

ETT MOLN KOMMER LÅNGT IFRÅN

Ett moln kommer långt ifrån
med tallens doft,
för att betrakta sig i floden.
Idag vill inte gråta i regn
och sätta sig i berget,
där en jungfru bor,
för att lyssna på fåglarnas musik
och på vita getters klagan
som anar kylan.
Gamla båtar, mitt i floden,
ser ut som träkistor,
de där som förvarar vindens ekon,
alla steg,
och strandade minnen som går
och lider vid stranden.
Doften av tallar och blommor,
som flyr i skogen,
tecknar ansikten av mina älskade:
min far, mina vänner, de försvunna,
de som drunknade där, huggna av ormar,
en september månad för länge sedan.
Hjärtat, som har återvänt
och kommer långtifrån
förlorar rädslan och börjar fly,
genom flodens strömmar mot havet.

NERUDAS TÅGET

I södra Chile finns det gamla tåg,
som har ett minne
och förvarar oväsen och luften
från alla platser där de åkte.
Överlevande av stål,
utan kraft att gråta,
förblev de sovande,
på de sista hörnorna
av kullarna med sicksack spår.
I ett av de tågen, på sista stickspåret,
bor en konstig man
som kan de mest lysande och vackra ord,
ord med månens accent,
som släpper all regnets nostalgi.
Han förvarar dem ivrigt,
för att besvärja drömmarna
och minnen fläckade av blod.
Ibland,
förbannar och gråter han,
för man har bränt hans dagar,
böcker och idéer.
Han har vindar
från andra dagar i sitt hår,
kärleksbrev i sina ögon,
fiskar med ljus i sina händer.
När natten lyser med fullmåne,
tillvälla Pablo sig tystnaden
i sin faders tåg,
och reciterar.

VÄNINNA

Jag visar mig alltid
och kramar din skugga,
när ditt lidande av ensamhet
och misslyckande, blir för mycket.
Som många gånger
har du fuktat mina ögon
med det ihärdiga duggregnet av din själ,
har dina sorger och kärlekslöshet blivit mina.
Jag har varit främst närvarande
när de har huggit ned ditt hjärta
och du har legat döende,
gråtande och naken,
utan lust att teckna en annan kärlek.
Jag har tillbringat halva livet
för att skrämma bort
med knytnävslag, dina spöken,
och att du får börja igen.
Jag har varit en olåst dörr
för att lyssna när du förbannar,
och jag har målat dina sorger
med fåglar och löv.
Jag har väckt upp solen
när du hade lust att krama havet
för att du var kär igen.
Men jag vet, min väninna,
att ingen ska ge dig den där kärleken
som du alltid söker,
lusten som förvirrar,
känslan som slukar.
Ingen ska fylla upp
din kropp med tatueringar. Ingen.
Varför tittar inte dina ögon på mig?

KÄRLEKSTORKA

Alla kvällars vindar har passerat
och mina drömmar
fortsätter skriva ditt namn.
Nätterna upprepar sig blåa,
för vi tittar alltid till himlen,
trots att vi ser oss, ibland,
på en krossad spegel,
för att vi befinner oss långt borta
från landet som skapade oss.
Jorden vissnar i trist kärlekstorka
och döden och hatet
utnyttjar rädslan att leva.
Molnets ljus
har tecknat en jungfru
på Stockholmshimlen,
för att omfamna oss med luftens händer
och blöter våra ögon
som en hemlighet.
Vindarna,
ska de stryka över kyssarna och begäret?
Torkan,
ska den komma också till våra hjärtan?
När stjärnorna släcks
vilken dag som helst,
och universum blir mörkt,
vill jag fortsätta leva inne i en bok,
men med dig.
Jag vill fortsätta vara bunden
till din bruna kanelkropp
blind av händernas känsla.

BRUTNA STRÄNGAR

När hjärtats strängar är brutna
och slutar sjunga till kärleken,
pressar mörker oss
och den envisa ensamheten målar
med rädslan våra ögon.
Smärtan, stark som ett sår,
gör att minnena flyter i själens tystnad
och vi vill försena livet,
för att älska varandra igen.
Vi minns gesterna,
som hänger i kyssarna
och den begravda tiden,
utan att omfamna varandra.
Smekningarna,
fortfarande spökar,
för att vi saknade ljuset
för att älska varandra till slutet.
Omfamnade
till den där onödiga stoltheten,
som inte ville förlåta.
Nu, hur kan jag låta bli att drömma om dig?

ATT FÖRLORA DIG

Vid avskeden regnar det alltid,
för att ögonen fyllts plötsligt
av lera från kalla landskapen,
och mörka ensamma gator.
Det finns brev,
med fuktighet och kyla,
trötthet och eviga ursäkter,
gömda samvetskval,
nödvändiga uppehåll i gryningen,
och dystra smärtsamma nederlag.
Och samma människor
som älskade varandra,
med alla kärlekens dräkter,
beskyller varandra för dem inte träffats,
för den långa ensamheten
på samma platser,
med tusen soliga dagar,
utan att omfamna varandra.
Drömmarna,
som vävdes likt en matta,
slogs de sönder
som en spegel,
brändes i skorstenen
och hjärtat lider och besvärar i bröstet.
Sorgen nekar sig
att tända månen,
och mardrömmarna blir djupare.
Vi stannar ensamma
i hjärtans hängande bro.
Ensamma,
liksom träden,
lyssnar vi till steg och mummel,

dörrarna som inte öppnas,
och röster som inte ropar på oss.
Vi sätter oss
i tidens station,
för att vänta på tågen
som inte åker någonstans,
yrande efter minnen
förstående av fel,
ångerfullt att förlora henne.

SMÅ PAPPERSBÅTAR

Nu är du inte dig själv,
ljuset i dina ögon slocknade
och dagarna blev tomma
som riter.
Sommaren kom utan oss,
och solens arpeggion
kommer inte genom fönstern längre.
Vi talar utan att tala,
vi skrattar utan att skratta
och jag känner dig
sorgfull och avlägsen,
liksom söderns dimma,
som väntar ännu på mig.
En granitsten
-som var en safir är
kvar i din blick
och mitt hjärta,
-som ville vakna med dig somnade in igen.
Händerna som älskade dig
gömmer sig på nätterna,
som skuggor i luften,
och det finns inte någonting
att drömma längre.
Men vi hittar på ursäkter
som försockrade minnen,
apelsinträd av ljus och gula blommor,
och vi älskar igen,
-utan att hitta varandrai
ett sorgset avsked.
Vi är två små pappersbåtar,
som drunknar i vattnet.

VINDKVARNAR

Drömmarna börjar domna
när man sörjer omättligt
minnet och önskan att återvända.
Vi stannar yrande
och rör om det förflutna,
vi ser kärleken passera
som den gamla kvarnen,
tills havets ljusblå kurva.
De gigantiska kvarnvingarna
girerar utan att medönska
och tar med sig själens klagan,
de sorgfulla sångerna,
gamla fotografierna,
vattnets speglar,
regnet och de kalla landskap,
alla skulderna att vilja leva.
Kvarnen av nobel ek,
lever fortfarande
för att berätta historier om oss,
om löven och fåglarna,
sådana som river ögonen.
Molnen omfamnar allt
för att behålla tystnaden,
och luftens händer
sluter dess ögon,
för att de inte får se
alla hemligheter
som besvärar hjärtat.
Ibland
när kärleken är genomskinlig,
vindkvarnarna tecknar glänsande ljus
och dansar mot evigheten,

genom de blåaste himlar.
Andra,
Är det ondas budbärare,
för att mörkret
inte kan stoppa luften.
En vind kommer med kärleken
långtifrån,
och en annan,
tar det långt bort.

DE SOM LÄMNADE LANDET

Alla städer har skuggor och spöken,
vindar med sorgfulla ögon övergivna
av de som lämnade landet,
för de flydde ifrån döden och demonerna.
På de där olyckliga dagarna,
bar sorgen saltvattnets skrik,
september kom inte med drakar
och en cyklon av röda regn,
fördärvade drömmarna och klokheten.
Därför att många lämnade landet,
utan att återse sirener som visade sig
på söndagarna i hamnen.
De plockade inte sina nät
och betraktade inte sig igen
på korallens pärlemorspegel.
Inte heller fick de återse
oxarnas lidande marsch
när de drar båtarna i sanden.
Inte heller fick de återse havet
när det blev riktigt arg,
och mördade och översvämmade
hela natten.

FAR

Alltid såg jag att du liknade solen,
för att ditt ansikte
grydde alltid med mig,
i den kalla och fientliga morgonen.
Genom fönstern,
som du lämnade öppet
i den renaste vrå av min själ,
känner jag fortfarande dig,
som en flamma bland skuggorna,
sysselsatt i de brådskande saker,
observerande efter våra fel,
skrämmande bort sorgfulla drömmar
och uppmärksammade
på farliga vägar.
Far, duktig skapare av nyheter,
Sedan din röst slutade
att tala till mig
har jag fortsatt att höra dig,
i fåglarnas väckande,
i regnet,
i havets suckande,
i alla gator som älskade dig.
Du lärde mig att hjärtat
ska födas med verser,
trohet,
och den mest generösa kärlek,
den där som har de vackraste färger.
Du lärde mig
att man får fånga duvor
i svåra tider,
när alla skymningens sorger
slår sönder och ger smärta.

Det vackraste minne
och de andra,
de som trampades av damm,
matar hjärtans flod än,
och jag fortsätter krama dig
i rädslan och döden.
Far, söder och havets ögon,
har översvämningarna redan passerat,
tyrannen som hatade din penna,
lever inte längre.
Träden, som du planterade,
har inte slutat växa,
med flera kvistar.

OFÖRMÅGA ATT FÖRLÅTA

Äntligen, återvände alla,
med några kunde inte leva
med dödens spöken,
de eviga mardrömmarna,
och samma mördare
i alla hörnor.
De marscherade igen,
med blod i flaggorna,
och samma gamla galler
inlagda i sina hjärtan.
De återvände
men var oförmögna att förlåta.
För att de såg för mycket:
mördade faddrar och bröder,
våldtagna döttrar och hustrur,
avhuggna händer,
terrorisera män
som kastades ut
levande till havet,
försvunna och exilerade.
Människor som slogs sönder mot ödet,
det som fortfarande smärtar
i hjärtats dörr.
Därför
är de oförmogna att förlåta.

MOR

Klockan håller på att släcka själens ljus,
när i de främmande länder,
blir vi egoister och avlägsna.
Barndomens drömmar
börjar falla ned från hjärtat,
och vi glömmer henne.
Vi vill inte leva igen
under vindens träd
i forntida civilisationer,
med samma speglar
av båtarna som förliste.
Och vi glömmer henne!
Men, plötsligt kommer nederlag,
mardrömmar, vindstormar,
och med slutna ögon
ropar jag på dig, mamma,
så att du smygande får komma igen
att skrämma bort rädslan
och mildra mitt misslyckande.
Ja ser dig där,
i den avlägsna barndomen,
sökande efter allas spår
och, i mina rena drömmar,
tecknar jag dina ögon
för att läka mina sår.
Och jag griper dina händer,
som är moln med vingar,
för att korsa springande
de mest avlägsna horisonter.
Jag går upp till barnens drake,
med sparvar i mina fickor,
för att stanna hos dig

i den där underbara sagovärlden.
Jag återvänder,
till mitt lands tusenåriga skogar,
och jag söker dig, mamma,
i ekarnas skugga,
i vetefältet, under pilträden,
i de sista reflexerna av söderns måne.
Och din frånvaro smärtar mig,
liksom ett snöigt landskap
i den mest sorgfyllda tystnaden.
Då, saknar jag dig, mamma,
till att bryta ned mina nostalgiska dagar
och känna dina ögon,
genomskinlig av godhet,
finns överallt.
Och jag drömmer om att återse dig
på den gamla vägen,
för att sätta oss vid trötthetens kant
och, i evig kram,
ge dig,
mina glömda kyssar, mamma.

BARNDOM

Alla vi var barn
tills vi slutade tro
på små sakernas skönhet.
Vi hade barnens ögon och själ,
och lärde oss yrken av:
regnet,
vinden som rör träden,
kärleken, det viktigaste.
Men åren förlöpte
Och vi kom bara att bli det som vi är,
när vi upptäcker
att någonting dör inuti oss,
där hjärtat bor.

NÄR BARNEN GÅR SIN VÄG

När barnen växer och går sin väg,
går vi upp till husets tak
eller det högsta trädet
som vi planterade i trädgården,
för att visa dem farorna
och förhindra dem svårigheter.
Vi vill hänga upp igen
gamla almanackor i köket
och försena alla klockor,
för att få krama dem igen
i barndomens första sagor.
Det blöder i vårt hjärta
när de flyr liksom fåglarna,
långt borta,
som de flyr från kylan och oss.
Vi försöker klä dem
med vattentäta kläder,
sköldpaddskal,
för att de aldrig ska få känna sorg,
när ska de tristaste grimaser komma,
från misslyckande och kärleksförlust.
Det smärtar oss de dagar som flytt,
när de plötsligt växer,
därför att barnen inte kan
förhindra häxornas förutsägelser,
och inte heller fly från vår skugga,
för att söka kärlekens blå linjer
på havets andra sida.
Och vi upptäcker,
i sådana dagar,
att vi inte hade förmåga att vara bättre,
när vi lärde oss älska dem,

mellan brådskan och misslyckade möten.
Och det smärtar,
när vi lämnade dem ensamma
och de lämnade oss ensamma.
Vi förstår inte att våra barn
har andra drömmar,
andra vägar,
mest hopp,
ekorrar och lodjur i själen.
Men, i husets trädgård och hjärtat
växer igen gula blommor,
och våra ögon gråter av stolthet
när våra barn, till slut,
lär sig att gå genom rena gator,
med en godhetens bok
i deras fickor,
och alltid respekterar kärleken.

GAMMALMODIG KÄRLEK

Månen tittade genom fönstret,
och stannade där
för att lyssna på vårt susande,
för att månen tycker om
de gammalmodiga kärlekarna,
de som är genomskinliga,
de där som tappar vettet
när samma drömmar kyssas på munnen.
Och vi, min älskade,
har älskat varandra på samma sätt,
under lång tid uppe på molnen,
medan vi lyssnade
på havets serenader.
Ännu tänder vi natten,
när vi ser elden i våra ögon,
när de gömda skuggorna trasslar till
för att smeka sig.
Bara du, min älskade,
kan ge fjärilarna näste i dina händer
och skratta,
med en ny skär ros,
i dina ögon.
Vår kärlek är gammalmodig,
men, vad ska hända
under morgondagen,
när vi blir vana och orden
inte blir tysta smekningar?

LJUSETS MAN

Han föddes med fåglars kvitter i händerna
och valde att leva som dem, i frihet,
ovanför de högsta klipporna,
med utsikt över havet,
för att forma dem
med alla sina drömmar.
Han fick moln
och nya vindar att virvla,
med generösa uttryck
och brinnande ord.
Och i skuggan av ett mandelformat ljus,
med knutna nävar,
kom alla vindar
som ville befrias.
Med andra avsikter väntade,
en ödesdiger septemberdag,
där hatet förenades med dårskapen
och demonerna visade sig
med sina vassa klor.
Man glömde alla namnen
och kärleken.
Gråtande fylldes hav
av fruktan och svårmod,
uniformerade pirater
bar vapen med torkat blod,
rovfåglar,
schakaler med hemska käftar,
och de skar upp drömmarnas ögon,
för alltid.
Med de avslutande
och modiga orden,
med ögonen tätt invid sammanbrottet,

valde Salvador Allende,
ljusets man, att dö,
för att fortsätta leva.
Han fick inte se
det fortsatta folkmordet
eller kolonnerna av gorillor,
som överlämnade fångarna till döden.
Ljusets man
hade somnat in för evigt,
utan att behöva se förrädarna
eller dem som glömde honom.
Utan att veta det, fick han,
sånger att virvla upp,
och lämnade sitt hjärta utsträckt
som en matta över allt och alla.

TILL SLUT

När jag ska gå bort,
ohjälpligt,
till sista resan
av min egen kalender,
ska jag lämna mina drömmar,
böcker och verser,
gömda i månen,
som vi målade i trädgården.
Man får se om de hittas
av de som kommer efter:
mina barn och deras barn,
mina mest lojala vänner,
de som älskar fåglarnas språk
och blommorna,
de där som lärde sig respektera kärleken.
Kanske, mina poem, i andras ögon,
blir kär igen i luften
och lär sig definitivt att flyga.